Saúde e felicidade
para você

Ficha Catalográfica

(Preparada na Editora)

Baduy Filho, Antônio, 1943-

B129b   *Bem Vivendo* / Antônio Baduy Filho / Espírito André Luiz. Araras, 1ª edição, IDE, 2021.

176 p.

ISBN 978-65-86112-23-8

1. Espiritismo 2. Mediunidade - Pensamentos I. Espíritos Diversos. II. Título.

CDD -133.9

-133.91

Índice para catálogo sistemático:

1. Espiritismo 133.9
2. Mediunidade: Espiritismo 133.911.

BEM
VIVENDO

ISBN 978-65-86112-23-8

1ª edição - setembro/2021

Copyright © 2021,
Instituto de Difusão Espírita - IDE

Conselho Editorial:
Doralice Scanavini Volk
Wilson Frungilo Júnior

Produção e Coordenação:
Jairo Lorenzeti

Capa:
Samuel Carminatti Ferrari

Revisão de texto:
Mariana Frungilo Paraluppi

Diagramação:
Maria Isabel Estéfano Rissi

INSTITUTO DE DIFUSÃO ESPÍRITA - IDE
Av. Otto Barreto, 967
CEP 13602-060 - Araras/SP - Brasil
Fone (19) 3543-2400
CNPJ 44.220.101/0001-43
Inscrição Estadual 182.010.405.118
www.ideeditora.com.br
editorial@ideeditora.com.br

BADUY FILHO
ESPÍRITO ANDRÉ LUIZ

BEM VIVENDO

ide

1

Jesus nada ordenou. Viveu as lições que ensinou e resumiu o roteiro de luz na exortação inesquecível: "Amai-vos uns aos outros como eu vos amei".

2

Ame o próximo como a si mesmo e faça todo o bem que puder, mas tenha em mente que a caridade começa em casa.

3

Não basta, pois, ter as aparências da pureza, é preciso, antes de tudo, ter a pureza do coração.

"O Evangelho Segundo o Espiritismo"

4

Há muita gente que enxerga a virtude apenas em evitar o mal. Contudo, Jesus exemplificou, o tempo todo, a atividade no bem.

A caridade é sempre solução quando alguém te incomoda.

Diante dos apelos negativos que te perturbam o trajeto evolutivo, revive o Evangelho de Jesus que te convida à transformação moral.

7

Se tendes o amor, tendes tudo o que se pode desejar sobre a Terra.

"O Evangelho Segundo o Espiritismo"

8

A palavra oportuna, dirigida com amor e no momento certo, tem efeitos surpreendentes no campo do bem.

9

Sede pacientes; a paciência é também uma caridade e deveis praticar a lei da caridade ensinada pelo Cristo.

"O Evangelho Segundo o Espiritismo"

10

Assuma os compromissos materiais, mas não se esqueça das lições do Evangelho.

Qualquer momento é hora de caridade.

12

Mantém a fé em Deus, ainda que as incertezas te sugiram a incredulidade.

13

O fardo parece menos pesado quando se olha para o alto, do que quando se curva a fronte para o chão.

"O Evangelho Segundo o Espiritismo"

14

Ninguém precisa de ocasião especial para exemplificar os ensinamentos de Jesus. Você conhece o Evangelho. Sabe o que tem de fazer. É hora de agir.

15

Garanta a própria saúde, buscando nas lições do Evangelho o recurso para neutralizar a ação nociva dos sentimentos inferiores.

16

A dificuldade perturba, mas examine: comodismo prejudica, trabalho ajuda.

17

A obediência é o consentimento da razão, a resignação é o consentimento do coração.

"O Evangelho Segundo o Espiritismo"

18

Ninguém está impedido de fazer fortuna com trabalho honesto, mas deve ter a sensatez de não viver exclusivamente para ela.

19

Não basta que dos lábios gotejem leite e mel, pois, se o coração nada tem com isso, há hipocrisia.

"O Evangelho Segundo o Espiritismo"

20

Faça algum esforço para se libertar do exagero.

21

A viagem para o mundo espiritual exige preparo mais autêntico do que simples aparências.

22

O patrimônio moral é o único documento válido para entrar com serenidade na vida futura.

23

O orgulho leva a vos crer mais do que sois.

"O Evangelho Segundo o Espiritismo"

Verifique a riqueza que você tem e o uso que faz dela.

25

Cada um constrói, dentro de si, a morada compatível com os próprios sentimentos.

26

Se Deus lhe colocou nas mãos a riqueza material, não descuide de enxergá-la como ferramenta de trabalho a serviço do bem de todos.

27

Ide vos reconciliar com o vosso irmão antes de apresentar vossa oferenda ao altar.

"O Evangelho Segundo o Espiritismo"

28

O aluno que mais se queixa é o que menos se dedica ao aprendizado.

29

Tirai primeiramente a trave do vosso olho e, então, vereis como podereis tirar o argueiro do olho do vosso irmão (São Mateus).

"O Evangelho Segundo o Espiritismo"

30

Não te esqueças, pois, do esforço constante na renovação íntima, porque, no que diz respeito à influência espiritual, é oportuno inverter o provérbio: "Dize-me quem és e te direi com quem andas".

31

Peça a Deus o amparo de que necessita, mas não se esqueça de que a melhor promessa é a transformação moral.

32

Prepara a herança aos teus, mas não te esqueças de exemplificar as lições do Evangelho, transmitindo o patrimônio espiritual aos que te compartilham a existência.

33

Aquele que estiver sem pecado lhe atire a primeira pedra (São Mateus).

"O Evangelho Segundo o Espiritismo"

34

Se você deseja melhorar o mundo em que vive, trate de mudar também o mundo que existe em você.

35

É realmente muito difícil a receita do Evangelho para a conquista da perfeição, mas Jesus não exige santificação imediata, apenas pede o esforço da renovação íntima.

36

O cenário familiar é o pas-
sado no presente, exigindo
reajustes e transformações.

37

Não julgueis se não qui-serdes ser julgados.

"O Evangelho Segundo o Espiritismo"

38

Ninguém é perfeito, mas cada um tem o compromisso de tentar o esforço na prática do bem.

39

Perdoai, usai de indulgência, sede caridosos, generosos, pródigos mesmo de vosso amor.

"O Evangelho Segundo o Espiritismo"

40

Família não é simples reencontro. É oficina de trabalho.

41

Palavras, atitudes e gestos são sementes que lanças à tua volta, no campo da vida. Não importa onde elas caiam, se brotam ou não. O importante é que sejas sempre o semeador do bem.

42

Deus dá a escola, mas aproveitamento ou descaso é sempre escolha nossa.

43

Olvidai o mal que se vos pôde fazer, e não penseis senão uma coisa: o bem que podeis realizar.

"O Evangelho Segundo o Espiritismo"

44

Os deveres do coração, calcados nas lições de Jesus, são assunto de sua consciência.

Não estás sozinho nessa estrada redentora. Jesus acompanha teus passos vacilantes, sustentando-te a coragem e o ânimo.

— Levanta-te e anda.

46

Seja grato pelo benefício espontâneo com que o Senhor te abençoa o caminho, ciente de que agradecer ao Alto pelo bem que te acontece, sem que o tenhas pedido, é sinal certo de que já começas a amar a Deus.

Feliz, pois, aquele que pode cada noite adormecer dizendo: Nada tenho contra o meu próximo.

"O Evangelho Segundo o Espiritismo"

48

Quem ora merece todo o respeito, mas deve respeitar também aquele que o ouve.

49

O verdadeiro perdão se reconhece pelos atos, bem mais que pelas palavras.

"O Evangelho Segundo o Espiritismo"

50

Se você exige do outro, em razão da autoridade que lhe é conferida, obrigue-se, igualmente, a exigir de si mesmo.

51

Inspira-te no Evangelho para o esforço constante de renovação íntima e confia no amor de Jesus, certo de que a felicidade te espera na vitória da consciência tranquila.

52

Está certo que você se dedique aos cuidados físicos, mas não se esqueça da transformação moral, para que o corpo saudável seja morada do Espírito sadio.

53

A indulgência não vê os defeitos de outrem ou, se os vê, evita falar deles, divulgá-los.

"O Evangelho Segundo o Espiritismo"

54

Nos momentos aflitivos, a maior aflição é estar afastado de Deus.

55

Caminha com firmeza e coragem, apesar das dificuldades durante o trajeto, na certeza de que o importante é persistires no bem.

56

O maior sofrimento não é o mal que vem de fora, mas a ausência do bem dentro de nós.

57

O verdadeiro caráter da caridade é a modéstia e a humildade.

"O Evangelho Segundo o Espiritismo"

58

A fé te garante a confiança em Deus, mas sem a consciência da renovação íntima perdes a oportunidade da evolução espiritual.

59

Perante as dificuldades nos compromissos da reencarnação, recorra à fé sincera em Deus e à confiança em si mesmo, recordando a palavra de Jesus aos enfermos que aliviava:

— Vai em paz. Tua fé te curou.

60

Aparência não resolve, conteúdo é o que tem importância. Apresente-se como seguidor do Evangelho, mas não esqueça a transformação moral, exemplificando os ensinamentos do Cristo.

61

É impossível amar realmente a Deus sem praticar a caridade.

"O Evangelho Segundo o Espiritismo"

Diante da provação dolorosa, a única atitude plausível é a caridade.

63

O Espírito deve ser culti-vado como um campo; toda a riqueza futura depende do labor presente.

"O Evangelho Segundo o Espiritismo"

64

Deus já te perdoou, agora é a sua vez. E a aflição, suportada com fé e coragem, é a oportunidade que tens de perdoares a ti mesmo.

Ore pelos Espíritos infelizes, mas cuide da própria vigilância, a fim de que você não lamente, na vida espiritual, os enganos que pode evitar na existência física.

Acredita em tuas possibilidades de transformação, ainda que te pareça difícil.

67

Amar, no sentido profundo da palavra, é ser leal, probo, consciencioso, para fazer aos outros o que se quereria para si mesmo.

"O Evangelho Segundo o Espiritismo"

6|8

Erga os braços em louvor a Deus, mas conserve suas mãos na atividade do bem.

Não importam as imperfeições que ainda o atormentam. O que importa é sua disposição de ajudar e servir.

70

A confiança em si mesmo leva à conquista de objetivos definidos. Entretanto, veja o uso que você faz dela. A chama é útil no fogão, mas na floresta é desastre certo.

71

Começai por dar o exemplo vós mesmos; sede caridosos para com todos indistintamente.

"O Evangelho Segundo o Espiritismo"

72

Seja a luz no caminho de quem se envolve na sombra da provação.

Conserve sempre acesa a lâmpada da caridade.

73

Ninguém mais do que o Mestre Divino tinha tanto conhecimento, tanta vontade, tanto poder. E, no entanto, ajoelhou-se no Jardim das Oliveiras, aceitando que se cumprisse a vontade do Pai.

Esta é a diferença entre os vitoriosos do mundo e os vencedores de si mesmos.

74

Não há dúvida de que a experiência no corpo físico é luta constante, mas não use esse campo de batalha para agredir a própria vida.

75

Triunfareis se a caridade vos inspirar e se a fé vos sustentar.

"O Evangelho Segundo o Espiritismo"

Seja você mesmo a expressão viva da fé religiosa que abraça.

77

Se o amor ao próximo é o princípio da caridade, amar os inimigos é sua aplicação sublime, porque esta virtude é uma das maiores vitórias alcançadas sobre o egoísmo e o orgulho.

"O Evangelho Segundo o Espiritismo"

78

Na seara do Evangelho, o maior perigo não é o mal que o cerca, mas o bem que você deixa de fazer.

Exemplifique aquilo em que você crê.

80

Cultiva a esperança, ama, perdoa, trabalha e serve, sustentando a fé em Jesus. E, na hora mais difícil, lembra-te do Mestre Divino a falar-te: "Não tenhas medo, estou aqui".

81

Dirigi vossos olhares para a frente; quanto mais vos eleveis pelo pensamento, acima da vida material, menos sereis magoados pelas coisas da Terra.

"O Evangelho Segundo o Espiritismo"

82

Não espere o caminho sem obstáculos, nem imagine o reconhecimento dos outros ao esforço de reforma íntima. Contente-se com a certeza do amparo constante de Jesus, recorde as palavras significativas do Mestre Divino aos discípulos atentos e ansiosos:

— Minha paz vos dou, não a paz do mundo.

83

Não vos esqueçais de que o amor nos aproxima de Deus e de que o ódio nos afasta Dele.

"O Evangelho Segundo o Espiritismo"

84

Peça a Deus por sua transformação moral, mas tome a iniciativa de se melhorar.

Jesus alicerçou o Evangelho na prática do bem.

Realmente, não adianta a pregação se falta o exemplo.

86

Se você deseja seguir Jesus, buscando no Evangelho o roteiro de vida, é bom não confundir felicidade com facilidade.

87

Não façais aos outros o que não quiserdes que vos façam.

"O Evangelho Segundo o Espiritismo"

88

Apregoe sua fé, mas não agrida a crença alheia.

Saliente a reforma íntima, mas não assuma a postura de censor dos costumes.

Exalte a caridade, mas não condene os que ainda se distanciam dela.

Não permitas que tuas dificuldades te impeçam o gesto de fraternidade.

90

Exercite sempre a tolerância, perdoando as alfinetadas, e prossiga trabalhando e servindo.

91

Sem a caridade, não há esperança num futuro melhor, nem interesse moral que nos guie; sem a caridade, não há fé, porque a fé não é senão um raio puro que faz brilhar uma alma caridosa.

"O Evangelho Segundo o Espiritismo"

92

A humildade é essencial ao equilíbrio, ao progresso e à prática do bem.

93

O sentimento mais próprio para vos fazer progredir, domando vosso egoísmo e vosso orgulho, o que dispõe vossa alma à humildade, à beneficência e ao amor do próximo, é a piedade!

"O Evangelho Segundo o Espiritismo"

94

Não espere a perfeição para fazer o bem.

A humildade é companheira da caridade na conquista do crescimento espiritual, razão pela qual é importante vencer a arrogância.

96

A vitória mais importante é o triunfo sobre a própria imperfeição, e o bem mais autêntico é o que se alcança fazendo o bem aos outros.

97

Todos aqueles que praticam a caridade são os discípulos de Jesus, qualquer seja o culto a que pertençam.

"O Evangelho Segundo o Espiritismo"

98

A pureza de coração não se adquire de uma hora para outra, acompanha a evolução espiritual na viagem dos séculos e resulta do aperfeiçoamento íntimo. Contudo, nada impede que comece agora.

Busque, pois, nas lições de Jesus o roteiro de seus passos, para não dar pedra ao filho quando ele pede pão.

100

Quando tudo parece conspirar contra teus objetivos mais caros, sossega o coração e lembra-te de que Jesus, no Horto das Oliveiras, orando em busca do amparo de Deus para as horas amargas que estavam por vir, exclamou com humildade:

— Pai, não seja como eu quero, e sim como tu queres.

101

Tem fé em Deus, em sua bondade, em sua justiça e em sua sabedoria; sabe que nada ocorre sem sua permissão e se submete, em todas as coisas, à sua vontade.

"O Evangelho Segundo o Espiritismo"

O maior problema não é a existência de falsos profetas, mas a presença de alguém que lhes sirva de porta-voz.

103

Melhore o mundo interior, seguindo os ensinamentos de Jesus, para que sua mudança de vida seja autêntica.

104

Perdoa a ofensa. Esquece a agressão. Persevera na estrada do bem e confia-te à Bondade Divina.

105

Estuda as suas próprias imperfeições e trabalha, sem cessar, em combatê-las.

"O Evangelho Segundo o Espiritismo"

106

A pior cegueira é aquela que impede a visão da caridade, porque você enxerga o próximo em desvantagem, e não vê o bem que lhe pode fazer.

107

O Evangelho é escola de amor e, se você tem a intenção de seguir Jesus, é melhor que abandone o apego e aprenda a amar.

108

Esqueça logo as ofensas do caminho, na certeza de que o perdão não é só virtude, é também tratamento.

Use, mas não abuse dos bens que lhe são concedidos.

"O Evangelho Segundo o Espiritismo"

110

Não se deixe envolver pelos contratempos do caminho e prossiga amando e servindo, na certeza de que imperecível mesmo é o bem que você faz.

Ninguém é perfeito, mas tem o dever de resguardar o bem.

112

Não cultives a ideia da morte do corpo quando a provação te visitar com dor e sofrimento, pois, dentro de ti, cada célula física é a própria exaltação da vida.

Teu cérebro recebe os influxos do Alto para que possas refletir com clareza nas soluções necessárias à harmonia de tua existência.

113

O homem que faz o bem sente, no fundo do coração, uma satisfação íntima.

"O Evangelho Segundo o Espiritismo"

114

O Mestre Divino acredita em ti. Ampara-te o esforço. Sustenta-te a coragem. Inspira-te a esperança. E, com indescritível ternura, fortalece-te a fé vacilante, falando a teus ouvidos espirituais:

— Confia em mim; Eu sou o Caminho, a Verdade e a Vida.

115

Basta, quando se começa ou acaba uma obra, elevar o pensamento até esse Criador e pedir-lhe, num impulso d'alma, seja sua proteção para ser bem-sucedido, seja sua bênção para a obra terminada.

"O Evangelho Segundo o Espiritismo"

116

Divulgar as imperfeições dos outros é falta de caridade, mas não aprender com elas é falta de bom senso.

117

A fé sincera e verdadeira é sempre calma; dá a paciência que sabe esperar, porque, tendo seu ponto de apoio na inteligência e na compreensão das coisas, está certa de chegar ao objetivo visado.

"O Evangelho Segundo o Espiritismo"

118

Deus atende tuas súplicas
em qualquer circunstância.

119

Leia, estude e exponha as lições do Evangelho, certo de que o conhecimento é a candeia, mas o exemplo é a luz.

120

Cultive o hábito da cortesia na convivência diária.

121

A fé, para ser proveitosa, deve ser ativa; não deve se entorpecer.

"O Evangelho Segundo o Espiritismo"

122

Aplica os ensinamentos de Jesus nas relações pessoais.

123

Aja com educação no trato cotidiano. Ainda que lhe seja difícil gostar de todo mundo, a expressão de gentileza já é sinal de amor ao próximo.

124

É verdade que Jesus disse: renuncies a ti mesmo e tomes a tua cruz.

Contudo, o Mestre Divino sempre esteve ao teu lado e, na hora da provação mais dolorosa, sossegará teu coração assustado, falando com doçura e amor:

— Não tenhas medo. Estou aqui.

125

Amai a Deus, mas sabei porque o amais.

"O Evangelho Segundo o Espiritismo"

Preste atenção ao ressentimento silencioso que contamina suas possibilidades de amor, para que você, querendo ajudar, não use o remédio misturado ao veneno.

127

Ajuda-te, e o Céu te ajudará.

"*O Evangelho Segundo o Espiritismo*"

128

Jesus disse: "Buscai e achareis". Busca, pois, a inspiração do Alto para todas as horas da vida e acharás em tuas atitudes a presença do Evangelho.

O amor é vigorosa árvore, mas começa na semente do respeito.

130

Não tenha medo nem se inquiete diante dos dias vindouros. Trabalhe. Realize o bem. Mantenha a fé na Providência Divina.

Faça a sua parte e o restante é por conta de Deus.

131

A prece é um ato de caridade, um impulso do coração.

"O Evangelho Segundo o Espiritismo"

132

Se te sentes ofendido e, como resposta, também ofendes, isto significa que o duelo de outros tempos ainda existe, com a diferença de que, em vez da espada ou da pistola, utilizas como arma a falta de caridade.

Não te deixes envolver pelo desespero, mas entrega-te a Jesus e, no recanto mais profundo da alma, ouvirás o Mestre Inesquecível falando-te com doçura:

— Vem comigo. Eu sou o Caminho, a Verdade e a Vida.

134

A transformação moral é a melhor defesa contra as sugestões inferiores, pois a tentação mais perigosa não é a que vem de fora, mas aquela que nasce dentro de você.

135

Se formos humildes, não sofreremos as decepções do orgulho humilhado.

"O Evangelho Segundo o Espiritismo"

136

Caridade não depende de moeda, depende de você.

137

Pede a força de resistir ao mal, e a terás; pede a assistência dos bons Espíritos, e eles virão te acompanhar.

"O Evangelho Segundo o Espiritismo"

138

Fortalece, pois, tua esperança no Senhor, ama, serve, socorre e busca nas lições do Evangelho os recursos para a renovação íntima.

139

O poder da prece está no pensamento; ela não se prende nem às palavras, nem ao lugar, nem ao momento em que é feita.

"*O Evangelho Segundo o Espiritismo*"

Não se afobe em possuir títulos, privilégios e facilidades, mas tenha na bagagem do Espírito o essencial, que são os sentimentos nobres, trabalhando e servindo para alcançá-los.

141

É na caridade que deveis procurar a paz do coração, o contentamento da alma, o remédio contra as aflições da vida.

"O Evangelho Segundo o Espiritismo"

Faça caridade, mas não negligencie as próprias obrigações.

Orar e pedir ajuda significa fazer pelo menos alguma coisa. Deus socorre com a água, mas cabe a você bebê-la.

Aprenda com o erro e continue trabalhando.

145

Que vosso coração não se turbe. Crede em Deus, crede também em mim (Jesus).

"O Evangelho Segundo o Espiritismo"

146

Faça de sua vida uma prece constante, vivendo cada momento com elevação.

147

Se você quer realmente se livrar do mal, livre-se primeiro da arrogância e não interfira, com seus caprichos, no bem que procede de Deus.

148

É cômodo responsabilizar o mundo espiritual por sua conduta, mas convém não esquecer que, enxergando a ação dos Espíritos em tudo o que lhe acontece, é negar que você existe.

149

Não te desanimes diante do esforço de transformação moral, na certeza de que a melhor escolha é sempre o caminho do bem.

150

Conforme a lição de Jesus, para estar com Deus, você só precisa amar o próximo como a si mesmo.

151

Para fazer o bem, é preciso sempre a ação da vontade; para não fazer o mal, basta, frequentemente, a inércia e a negligência.

"O Evangelho Segundo o Espiritismo"

Praticando
O Evangelho no Lar

Se você gostou da proposta deste livro, de ler pequenos trechos que o ajudem diariamente na reflexão de suas atitudes, acreditamos que também irá gostar de ler "O Evangelho Segundo o Espiritismo" e de praticar o Evangelho no Lar.

"O Evangelho Segundo o Espiritismo" nos remete às máximas morais de Jesus, em consonância com os ensinamentos dos Espíritos, proporcionando-nos tranquilidade, paz e felicidade quando seguidas por nós.

Uma obra que nos ensina, estimulando o nosso raciocínio para as verdades da vida, trazendo paz e esperança.

"O Evangelho Segundo o Espiritismo" é o livro base para realizarmos o Evangelho no Lar, pois, por meio de explicações claras e confortadoras, orienta-nos para a reflexão e a reforma íntima, na senda de Jesus, que é a mais absoluta e única maneira de nos libertarmos de todos os sofrimentos que impingimos a nós mesmos.

Além disso, "O Evangelho Segundo o Espiritismo" pode ser lido de maneira continuada ou aberto ao acaso, a qualquer hora ou momento do dia, propiciando-nos momentos de reflexão e de comunhão com os ensinamentos de Jesus. A seguir, breve roteiro para aqueles que desejam implementar o Evangelho no Lar.

COMO FAZER

1. Determinar um dia da semana e um horário específico.

2. Obedecer ao horário e estimular a presença dos participantes, a fim de que os Espíritos tenham um ambiente propício às suas atividades assistenciais nos dois planos da vida.

3. É interessante que todos os membros da família participem, mas nada impede a realização da prática se apenas você se interessar em realizá-la. Procure um local da casa no qual não seja interrompido.

4. É aconselhável que todos se sentem ao redor de uma mesa para participarem do estudo e da consequente permuta de impres-

sões e esclarecimentos sobre o texto enunciado.

5. Disponibilizar um copo com água para cada participante, facilitando, assim, uma fluidificação da mesma de acordo com as necessidades de cada um. A água deve ser bebida somente ao final.

6. A reunião deverá ser iniciada com uma prece, em voz alta, por um dos presentes, expressa de maneira simples, sempre usando o coração, sem a necessidade de frases ricamente elaboradas. Essa prece tem a finalidade de preparar o equilíbrio dos participantes, solicitando que cada um se desli-

gue dos problemas do dia a dia e volte sua atenção e pensamento para os ensinamentos de Jesus.

7. Em seguida, iniciar a leitura de "O Evangelho Segundo o Espiritismo" abrindo uma página ao acaso, permitindo, assim, que a Espiritualidade possa interagir nesse processo e que, por meio dele, a página escolhida esteja condizente com as maiores necessidades do grupo.

8. Escolher um trecho do Evangelho que não seja longo demais, podendo, inclusive, dividi-lo para ler sua continuação na reunião seguinte. E, após a leitura, deixar

a palavra livre, numa sequência combinada, para que os integrantes façam perguntas ou comentem sua interpretação, sempre no sentido de extrair o melhor para a evolução de todos, numa melhoria de seus atos no dia a dia.

9. Não é aconselhável manifestações mediúnicas, tais como comunicações orais de Espíritos, psicografias ou passes, sendo que essas atividades devem ser realizadas nos Centros Espíritas.

10. Nas reuniões do Evangelho no Lar, as atitudes de seus participantes são muito importantes para que o estudo transcorra em

um clima de muita paz e de suaves emanações fluídicas. Por esse motivo, deve-se evitar assuntos que encerrem censuras, julgamentos, comentários daninhos ou inferiores dirigidos a pessoas, a religiões ou qualquer outro tipo de diálogo não edificante.

11. Nada impede que crianças participem, mas, nesse caso, e conforme o assunto, adequar a reunião ao entendimento delas. E essa é uma boa prática porque, aos poucos, e, gradativamente, elas muito irão aprender.

12. Em seguida, faça uma rogativa a Deus, a Jesus e aos Espíri-

tos do Bem, em favor da harmonia do lar e dos familiares encarnados e desencarnados, extensiva também à paz entre os povos.

13. Faça uma prece de encerramento, agradecendo o amparo dos Benfeitores Espirituais. Após a prece, sirva a água fluidificada a todos os participantes.

Bibliografia

Mensagens extraídas das obras:

- *O Evangelho segundo o Espiritismo,* Allan Kardec, Ide Editora.
- *Vivendo o Evangelho - Vol. I*, Antônio Baduy Filho / André Luiz, Ide Editora.
- *Vivendo o Evangelho - Vol. II*, Antônio Baduy Filho / André Luiz, Ide Editora.

Dica de leitura

PSICOGRAFIA DE ANTÔNIO BADUY FILHO

VIVENDO O EVANGELHO
VOL. I

Comentários a "O Evangelho Segundo o Espiritismo"

ESPÍRITO
ANDRÉ LUIZ

ide

Dica de leitura

PSICOGRAFIA DE ANTÔNIO BADUY FILHO

VIVENDO O EVANGELHO
VOL. II

Comentários a "O Evangelho Segundo o Espiritismo"

ESPÍRITO
ANDRÉ LUIZ

ANDRÉ LUIZ | VIVENDO O EVANGELHO | II

ide

Fundamentos do Espiritismo

1º Crê na existência de um único Deus, força criadora de todo o Universo, perfeita, justa, bondosa e misericordiosa, que deseja a felicidade a todas as Suas criaturas.

2º Crê na imortalidade do Espírito.

3º Crê na reencarnação como forma de o Espírito se aperfeiçoar, numa demonstração da justiça e da misericórdia de Deus, sempre oferecendo novas chances de Seus filhos evoluírem.

4º Crê que cada um de nós possui o

livre-arbítrio de seus atos, sujeitando-se às leis de causa e efeito.

5º Crê que cada criatura possui o seu grau de evolução de acordo com o seu aprendizado moral diante das diversas oportunidades. E que ninguém deixará de evoluir em direção à felicidade, num tempo proporcional ao seu esforço e à sua vontade.

6º Crê na existência de infinitos mundos habitados, cada um em sintonia com os diversos graus de progresso moral do Espírito, condição essencial para que neles vivam, sempre em constante evolução.

7º Crê que a vida espiritual é a vida plena do Espírito: ela é eterna, sendo a vida corpórea transitória e passageira, para nosso aperfeiçoamento e aprendizagem. Acredita no relacionamento destes dois planos, material e espiritual, e, dessa forma, aprofunda-se na comunicação entre eles, através da mediunidade.

8º Crê na caridade como única forma

de evoluir e de ser feliz, de acordo com um dos mais profundos ensinamentos de Jesus: "Amar o próximo como a si mesmo".

9º Crê que o espírita tenha de ser, acima de tudo, Cristão, divulgando o Evangelho de Jesus por meio do silencioso exemplo pessoal.

10º O Espiritismo é uma Ciência, posto que a utiliza para comprovar o que ensina; é uma Filosofia porque nada impõe, permitindo que os homens analisem e raciocinem, e, principalmente, é uma Religião porque crê em Deus, e em Jesus como caminho seguro para a evolução e transformação moral.

Para conhecer mais sobre a Doutrina Espírita, leia as Obras Básicas, de Allan Kardec: *O Livro dos Espíritos*, *O Evangelho Segundo o Espiritismo*, *O Livro dos Médiuns*, *O Céu e o Inferno* e *A Gênese*.

ide *Instituto de Difusão Espírita*